NEGÓCIOS JURÍDICOS PROCESSUAIS SOB A PERSPECTIVA DO CÓDIGO DE PROCESSO CIVIL DE 2015

Mariane Ferreira de Andrade

NEGÓCIOS JURÍDICOS PROCESSUAIS SOB A PERSPECTIVA DO CÓDIGO DE PROCESSO CIVIL DE 2015

1ª Edição
Goiânia

ANGELIA
EDITORA
2024

Dados Internacionais de Catalogação na Publicação (CIP)
(Câmara Brasileira do Livro, SP, Brasil)

Andrade, Mariane Ferreira de
Negócios jurídicos processuais sob a perspectiva do Código de Processo Civil de 2015 / Mariane Ferreira de Andrade. -- 1. ed. -- Goiânia, GO : Angelia Editora, 2024.

70 p.

Bibliografia.
ISBN 978-65-83134-40-0

1. Brasil. [Código de Processo Civil (2015)] 2. Negócios jurídicos - Brasil I. Título.

24-240506 CDU-347.9(81)(094.4)

Índices para catálogo sistemático:

1. Brasil : Código de processo civil
347.9(81)(094.4)

Aline Graziele Benitez - Bibliotecária - CRB-1/3129

SUMÁRIO

INTRODUÇÃO

A discussão sobre a possibilidade de realização de negócios jurídicos que versem sobre matéria procedimental pelas partes não é novidade no direito processual civil brasileiro, embora tenha ganhado maior atenção com a publicação do Código de Processo Civil de 2015. O assunto já foi tratado há mais de trinta anos pelo doutrinador Barbosa Moreira[1], no artigo intitulado "Convenção das Partes sobre Matéria Processual".

Dada a relevância do tema, cuidará o presente estudo dos elementos basilares dessas convenções. Abordar-se-á a polêmica controvérsia sobre a privatização do processo civil, levando em consideração as partes envolvidas nos acordos e a natureza da matéria.

Com o destaque dado pelo CPC/2015 ao princípio da cooperação, a relação de cooperatividade entre as partes e entre estas e o juiz tornou-se um dever processual. Partindo-se dessa premissa, e tomando como base o referido princípio, será feita uma abordagem sobre o papel do magistrado no controle dos acordos procedimentais. Tem-se como tese que um processo cooperativo, baseado no diálogo, na lealdade e na boa-fé, é o modelo que se espera de um Estado Constitucional.

---

[1] MOREIRA, José Carlos Barbosa Convenção das partes sobre matéria processual. In: **Temas de Direito Processual**. 3 série. São Paulo: Saraiva, 1984.

Ao tratar sobre a grande inovação do CPC/2015, a cláusula geral de negociação, pretende-se demonstrar que o formalismo processual pode ser reorganizado sob uma nova perspectiva, buscando tutelar com maior efetividade o direito material levado a juízo. Assim, através de um estudo comparativo entre o "velho e o novo" código de processo civil, analisar-se-á a possibilidade de realização pelas partes de negócios jurídicos que versem sobre direitos, ônus, faculdades e deveres processuais, bem como sobre a possibilidade de ajustamento do procedimento às especificidades da causa e aos interesses do autor e do réu.

O processo civil deve ser repensado a partir das mudanças culturais, de modo a refletir as concepções e exigências do momento em que se insere. Não pode ser uma mera técnica, alheia aos fins que se pretende tutelar. Nesse contexto, portanto, importante refletir sobre a necessidade de uma flexibilização procedimental como alternativa para regras que se mostrem inapropriadas diante da relação jurídica apresentada.

1 FATOS JURÍDICOS PROCESSUAIS, ATOS JURÍDICOS PROCESSUAIS, ATOS-FATOS JURÍDICOS PROCESSUAIS E NEGÓCIOS JURÍDICOS PROCESSUAIS

Os fatos ocorridos na sociedade, suscetíveis de produzirem efeitos legais, são denominados como fatos jurídicos. Todas as ações, naturais ou humanas, relevantes juridicamente são assim consideradas, incidindo sobre elas as normas do ordenamento. Nesse sentido, Maria Helena Diniz[2] salienta que o mencionado fato "é o acontecimento, previsto em norma jurídica, em razão do qual nascem, se modificam, subsistem e se extinguem relações jurídicas".

Ao ingressarem no mundo do direito, são categorizados, em sentido amplo, como fatos jurídicos naturais (fatos jurídicos em sentido estrito), ocorridos sem intervenção humana, e fatos jurídicos humanos (atos jurídicos em sentido amplo). Esse último pode ser classificado, ainda, como ato jurídico, negócio jurídico, ato ilícito, ou ato-fato.

O ato jurídico em sentido estrito é aquele decorrente de uma vontade predeterminada pelos parâmetros legais, caracterizado pela ausência de autonomia do agente para produção dos seus efeitos.

---

[2] DINIZ, Maria Helena. **Curso de Direito Civil Brasileiro**: Teoria Geral do Direito Civil. 26 ed. São Paulo: Saraiva; 2009, p.399.

Uma vez manifestada ou declarada a vontade, o seu efeito jurídico não pode ser modificado ou evitado.

Os negócios jurídicos são manifestações de vontade, geralmente bilaterais, fortemente marcados pela autonomia privada. Os efeitos do negócio jurídico são previamente instituídos pelas normas de direito, porém as partes, diferentemente do que ocorre nos atos jurídicos em sentido estrito, estão livres para estabelecerem cláusulas negociais, podendo estabelecer termos, condições, modos ou encargos, conforme seus interesses, sem, claro, ultrapassar os limites da lei.

Nessa esteira, Marcos Bernardes de Mello[3] conceitua negócio jurídico como:

> (...) fato jurídico cujo elemento nuclear do suporte fáctico consiste em manifestação ou declaração consciente de vontade, em relação à qual o sistema jurídico faculta às pessoas, dentro de limites predeterminados e de amplitude vária, o poder de escolha de categoria jurídica e de estruturação do conteúdo eficacial das relações jurídicas respectivas, quanto ao seu surgimento, permanência e intensidade no mundo jurídico.

Os atos ilícitos, por sua vez, são aqueles contrários ao ordenamento, causando efeitos involuntários, embora previstos pela norma. Já os atos-fatos são atos humanos

---

[3] MELLO, Marcos Bernardes de. **Teoria do fato jurídico: plano da existência.** 19 ed. São Paulo: Saraiva, 2013, p.233.

que independentemente da vontade humana geram consequências tipificadas pela norma. É o caso, por exemplo, de um absolutamente incapaz que faz uma escultura. Ao realizá-lo, ele adquire a propriedade de sua obra, não importando para o direito, no entanto, se ele teve vontade de fazê-lo. Ao descrever os atos-fatos, Francisco Cavalcanti Pontes de Miranda diz que "são atos humanos, em que não houve vontade, ou dos quais se não leva em conta o conteúdo de vontade, aptos, ou não, a serem suportes fáticos de regras jurídicas"[4]

Vale destacar que os fatos jurídicos em sentido lato passam necessariamente pelo plano da existência, isto é, basta compor-se faticamente incidindo a norma, para o fato existir no âmbito do direito. Todavia, em se tratando do plano da validade, somente os atos e negócios jurídicos é que serão por ele abrangidos. Os fatos jurídicos em sentido estrito e os atos-fatos não são abarcados pelo plano da validade, tendo em vista a irrelevância da vontade humana para sua constituição. Assim sendo, o sistema das invalidades aplicar-se-á nos atos e negócios jurídicos dotados de vícios de vontade.

Pois bem, a classificação supra também se procede no âmbito processual, havendo, todavia, algumas divergências doutrinárias, as quais serão devidamente

---

[4] MIRANDA, Francisco Cavalcanti Pontes de. **Tratado de direito privado**. Atual. Vilson Rodrigues Alves. Campinas: Bookseller, 1999, t. 1, §26, n.2, p.133.

analisadas. Joaquim Calmon de Passos[5] admite no processo somente atos jurídicos processuais. Para ele não é possível a existência de fatos jurídicos processuais em sentido estrito, pois seriam exteriores ao processo, não sendo, portanto, integrantes ao mesmo.

Já para Daniel Mitidiero[6], é possível a existência dos aludidos fatos, desde que ocorridos dentro do processo. Segundo ele, a morte de uma das partes é fato jurídico que se processualiza, não sendo, contudo, fato jurídico processual. Ora, a morte de qualquer das partes ou dos seus procuradores provocará a suspensão do processo, logo, será sim um fato jurídico processual, não importando se ocorreu dentro ou fora do processo. Na realidade, o que importa é se o acontecimento possui previsão normativa processual, provocando no processo efeitos jurídicos.

Leonardo Carneiro da Cunha[7] também entende que é possível a existência de fatos jurídicos processuais em sentido estrito, assim dispondo:

---

[5] PASSOS, Joaquim Calmon de. **Esboço de uma teoria das nulidades aplicada às nulidades processuais**. Rio de Janeiro: Forense, 2002, p. 64-65.

[6] MITIDIERO, Daniel. **Comentários ao Código de Processo Civil**. São Paulo: Memória Jurídica Editora, 2005, t. 2, p.13.

[7] LIMA, Fernando Antônio Negreiros *apud* CUNHA, Leonardo Carneiro da. **Negócios Jurídicos Processuais no Processo Civil Brasileiro**. Texto preparado para o I Congresso Peru-Brasil de Direito Processual e apresentado em Lima, no Peru, novembro de 2014, com acréscimos e adaptações feitas após a sanção e promulgação do novo Código de Processo Civil brasileiro. Disponível em:

> (...) são fatos jurídicos processuais em sentido estrito a morte da parte ou do seu procurador, uma inundação que venha a suspender um prazo processual, a existência de uma relação de parentesco entre juiz e a parte, a implementação de idade que confira à parte a condição de idoso, passando a ter direito de prioridade na tramitação do processo, a perda dos autos, entre outros fatos.

Também há no processo atos-fatos processuais, podendo ser citado como exemplos, a revelia e a ausência de interposição de recursos. Nesses casos, independentemente da vontade humana, haverá a constituição do ato com consequente produção de efeitos jurídicos. De um modo geral, a omissão e a inércia de qualquer das partes poderão constituir-se atos-fatos. Há de se deixar claro, contudo, que poderá haver também atos omissivos negociais, constituindo-se verdadeiros negócios processuais. A título de exemplo, se o réu não opuser exceção de incompetência ou não suscitar a convenção de arbitragem, haverá na realidade não um ato-fato, mas um negócio processual, tendo em vista a relevância da vontade humana para constituição do ato e produção do efeito jurídico.

Cabe, então, salientar que, sendo importante a vontade humana para constituição do ato, não poderá um

---

https://www.academia.edu/15665703/MATERIAL_CONSULTA_GRUPO_DE_ESTUDOS. Acesso em 02 de Agosto de 2015.

assistente simples, por exemplo, atuar em uma omissão negocial. Em contrapartida, sendo a omissão um ato-fato, poderá haver a atuação daquele. Logo, exemplificando, se a parte não apresentar exceção de incompetência, não pode o assistente fazê-lo, vez que se trata de uma omissão negocial.

Destacam-se, ainda, os atos jurídicos processuais em sentido estrito, que são manifestações ou declarações de vontade em que o seu efeito jurídico não pode ser modificado ou evitado pelas partes, a exemplo da citação, da intimação, e da confissão.

Como já dito alhures, há divergências doutrinárias sobre a existência dos negócios processuais. Na doutrina brasileira, os que se manifestam contrariamente, como Cândido Rangel Dinamarco[8], Alexandre Freitas Câmara[9], e Vicente Greco Filho[10], defendem que somente é possível a constituição de um negócio jurídico se os efeitos por ele produzidos decorrerem unicamente da vontade das partes e não como resultado da lei ou da intervenção judicial.

Seguindo a mesma direção, José Joaquim Calmon de Passos[11], embora entenda que o artigo 158 do

---

[8]DINAMARCO, Rangel. **Instituições de direito processual civil.** 6ª ed. São Paulo: Malheiros, 2009, v.2, p.484.

[9] CÂMARA, Alexandre Freitas. **Lições de direito processual civil.** 25ª ed. São Paulo: Atlas, 2014, v.1, p.276.

[10] GRECO, Vicente Filho. Direito processual civil brasileiro. 20ª ed. São Paulo: Saraiva, 2009, v.2, n.1, p.6.

[11] PASSOS, José Joaquim Calmon de. **Esboço de uma teoria das nulidades aplicada às nulidades processuais.** Rio de Janeiro: Forense, 2002, p.69-70.

CPC/1973 admita a realização de negócios processuais, preceitua que é necessário o pronunciamento do juiz para que haja a produção dos efeitos jurídicos dessa relação, como é caso, por exemplo, de um acordo entre partes para suspender o processo.

Por conta do dogma que prega a irrelevância da vontade no processo, devendo as partes seguirem apenas o que é ditado pelo legislador, sem qualquer flexibilidade dos efeitos dos seus atos, remete-se equivocadamente à ideia da impossibilidade de negócios processuais. Isso, pois, prevalece como característica marcante do negócio jurídico a presença de vontade.

É importante destacar, todavia, nesse contexto que, para Barbosa Moreira[12], há uma diferenciação entre a declaração unilateral de qualquer das partes dirigidas ao juiz para que haja seu pronunciamento, e a convenção processual, que é ato uno, formado pela união das vontades. Nas declarações concordantes das partes, o requerimento de uma delas mesmo que dependente da anuência da outra, é dirigido ao juiz, para que havendo a homologação do ato, este seja apto a produzir os efeitos legais. Seguindo esse raciocínio, será uma declaração concordante, por exemplo, a modificação do pedido ou da causa de pedir após a citação, pois, ainda que dependente do consentimento da outra parte, é uma declaração direcionada ao juiz. Já nas convenções processuais, as

---

12 MOREIRA, José Carlos Barbosa (Org.) **Temas de Direito Processual**: Terceira Série. São Paulo: Saraiva, 1984. p. 87-98.

declarações são dirigidas de uma parte à outra, em um acordo de vontades.

Fato é que o artigo 158 do CPC/1973 dispõe que os atos das partes podem constituir, modificar ou extinguir direitos processuais, razão pela qual é possível admitir no processo brasileiro a existência de negócios sobre matéria processual. Autores como Rogério Lauria Tucci[13], Moacyr Amaral Santos[14], Luiz Guilherme Marinoni e Sérgio Cruz Arenhart[15], Leonardo Greco[16], Fredie Didier Jr e Pedro Henrique Nogueira[17], defendem a existência dos negócios jurídicos processuais.

As partes podem convencionar sobre matéria processual, criando, modificando ou extinguindo relações jurídicas, com efeitos imediatos, salvo em alguns casos, como a desistência da ação após a contestação, ou a modificação do pedido ou causa de pedir após a citação.

---

[13] TUCCI, Rogério Lauria. Negócio jurídico processual. **Enciclopédia Saraiva de Direito.** São Paulo: Saraiva, 1977, v. 54, p.190-192.

[14] SANTOS, Moacyr Amaral. **Primeiras Linhas de direito processual civil**: processo de conhecimento. 25 ed. Atual. Maria Beatriz Amaral Santos Kohnen. São Paulo: Saraiva, 2007, n. 229, p. 291-292.

[15] ARENHART, Sérgio Cruz; MARINONI. Luiz Guilherme. **Processo de conhecimento**. 12 ed. São Paulo: RT, 2014, n.8, p.192.

[16] GRECO, Leonardo. "Os atos de disposição processual- primeiras reflexões". **Os poderes do juiz e o controle das decisões judiciais**: estudos em homenagem à professora Teresa Arruda Alvim Wambier. José Miguel Garcia Medina; Luana Pedrosa de Figueiredo Cruz; Luís Otávio Sequeira de Cerqueira; Luiz Manoel Gomes Junior (coord.). São Paulo: RT, 2008, p. 290-304.

[17] NOGUEIRA, Pedro Henrique; DIDIER, Fredier. **Teoria dos fatos jurídicos processuais**. Salvador: JusPodivm, 2011, p.54-64.

Embora, as normas processuais sejam cogentes, é conferido poder dispositivo às partes, como nas hipóteses de convenções de arbitragem, probatória, de foro de eleição e outras que serão brevemente detalhadas.

Igualmente, Fernando Antônio Negreiros Lima, citado por Leonardo Carneiro da Cunha[18], ao admitir os negócios jurídicos processuais, afirma o seguinte:

> Em todas as hipótese aludidas, é certo que a lei processual interfere, traça limites, impõe condicionamentos: a desistência do recurso supõe expressos poderes conferidos ao advogado da parte desistente (RTJ 118/170); a suspensão convencional do processo não pode exceder a seis meses (art. 265, §2º, CPC); a renúncia ao direito de queixa em relação a um dos autores do crime necessariamente se estende a todos (art. 49, CPP); o repúdio ao perdão há de se dar expressamente, em três dias, importando em aceitação o silêncio da parte (art. 58 CPP). Mas, é precisamente isso o que ocorre em relação aos negócios jurídicos não processuais: também eles sofrem contingenciamentos legais, como oportunamente

---

[18] LIMA, Fernando Antônio Negreiros *apud* CUNHA, Leonardo Carneiro da. **Negócios Jurídicos Processuais no Processo Civil Brasileiro**. Texto preparado para o I Congresso Peru-Brasil de Direito Processual e apresentado em Lima, no Peru, novembro de 2014, com acréscimos e adaptações feitas após a sanção e promulgação do novo Código de Processo Civil brasileiro. Disponível em: https://www.academia.edu/15665703/MATERIAL_CONSULTA_GRUPO_DE_ESTUDOS. Acesso em 02 de Agosto de 2015.

> nos adverte a lição de Miguel Reale, mencionada antes, sem que se cogite de negar, só por isso, a possibilidade de negócios jurídicos de direito material.

Logo, claro fica que as limitações legais impostas pelo direito processual não impedem a existência dos negócios jurídicos processuais, valendo ressaltar, ainda, que estes não configuram relação obrigacional do direito privado, conforme será adiante tratado.

1.1 Convenções processuais e a privatização do processo civil

A clássica dicotomia entre o direito público e o direito privado é um tema que se insere também no campo das convenções procedimentais. Adotar a existência dos negócios jurídicos sobre matéria processual seria privatizar o processo civil?

Preliminarmente, mister compreender o termo "privatização", pois nem sempre o mesmo é utilizado devidamente. Os processos, ainda que referentes a litígios meramente privados, são de interesse público, por isso, a expressão "privatização do processo" pode muitas vezes ser inadequada. Em algumas situações, o aludido termo é tomado para expressar o papel dos particulares na composição da lide. Nesse contexto, Barbosa Moreira[19] afirma o seguinte:

> Pode e deve cogitar-se aí, na verdade, de dois fenômenos distintos: um consistente na ampliação do rol dos legitimados a agir no tocante a matérias cuja relevância ultrapassa as fronteiras dos litígios privados; outro, no aumento da participação de pessoas estranhas aos quadros permanentes do Judiciário no julgamento de causas.

Ocorre que, sempre haverá particulares participando do processo, seja no ajuizamento de uma ação ou até mesmo no julgamento das causas, como se dá no Tribunal do Júri. Nesses casos, há na verdade, nas palavras de Barbosa Moreira[20] "publicização, e não privatização" do processo. O interesse continua sendo público, ainda que com a interferência de particulares. Tal argumento pode ser reconhecido na propositura de uma ação popular pelo cidadão brasileiro com o fim de tutelar em nome próprio interesse da coletividade, protegendo o patrimônio público, a moralidade administrativa, o meio ambiente e o patrimônio histórico cultural.

Utiliza-se também o termo "privatização" fazendo referência aos métodos alternativos de solução de conflitos, os quais possibilitam que em determinadas

---

[19] MOREIRA, José Carlos Barbosa. Privatização do Processo? **Revista da EMERJ**, Rio de Janeiro, v.1, n.3, 1988, p.14.
[20] Ibid., p.15.

situações pessoas não integrantes do sistema judiciário resolvam conflitos de interesses. Isso, todavia, não significa privatizar o processo, até porque se trata de um meio alternativo a este.

Claro fica que a função exercida pelo particular nas situações acima citadas, bem como nos negócios processuais aqui defendidos, é caso de publicização. Embora, haja uma tendência forte no nosso ordenamento em envolver terceiros na solução dos litígios, não é apropriado denominar tal atitude como "privatização do processo". O litígio pode ser privado, mas o processo é público, vez que embora seja consagrado o princípio da autonomia privada, o processo civil não é "das partes". Quando é instaurado o processo, há todo um aparato judicial, ocupado por um órgão estatal, que se vale de recursos oriundos da contribuição da sociedade.

Habitualmente, costuma-se não admitir os negócios jurídicos processuais no âmbito do direito público, tendo em vista que nesta seara predominam-se normas cogentes. Ocorre que o referido argumento se prende de forma equívoca à ideia de que as convenções são estritamente ligadas aos contratos privados, e, portanto, integradas ao direito privado. Nas palavras de Chiovenda[21]:

> Não existe, pois, um processo convencional, quer dizer, ao juiz e às partes não é permitido governar

[21] CHIOVENDA, Giuseppe. **Instituições de direito processual civil**. Volume 1. Editora Bookseller: São Paulo, p.99.

> arbitrariamente o processo; mas em certos casos é livre às partes desatenderem a uma norma processual, já por acordo expresso ou tácito, já deixando de assinalar-lhe a observância. Se as partes gozam ou não dessa liberdade, deve ressaltar dos termos expressos da lei ou do escopo da norma determinada: na dúvida, as normas processuais devem reputar-se cogentes.

Isso implica dizer que o processo não é uma relação obrigacional do direito privado, que se estabelece em função única das partes. Mesmo assim, podem as mesmas na atual conjuntura e de forma ainda mais expressiva com o CPC/2015, conforme se verá adiante, estabelecerem acordos e convenções acerca de situações processuais. Os contratos não são figuras exclusivas do direito civil, podendo se desenvolver em outros ramos, inclusive no direito público, e consequentemente no direito processual civil.

A título de exemplo, permitem-se negociações no direito do trabalho, onde sempre houve forte tendência a restringir a autonomia da vontade. Calcados na ideia de que os direitos dos trabalhadores são indisponíveis, e que há grande desigualdade entre empregado e o empregador, afirmava-se, de forma irrefletida, que o processo trabalhista, de natureza eminentemente pública, não poderia admitir convenções procedimentais. Todavia, atualmente, tem a doutrina, a exemplo de Antonio do

Passo Cabral[22], admitido relativa disponibilidade nas relações trabalhistas, através da adoção de soluções negociais.

Com o amadurecimento processual, verifica-se que as convenções procedimentais bem como demais soluções consensuais possuem espaço no direito público. Não é porque o interesse abrange toda sociedade que o mesmo será indisponível, prova disso é a disseminação da mediação e da conciliação no processo civil. A mediação, como se sabe, é uma forma de solução de conflitos através de um terceiro que seja neutro e imparcial, de modo a facilitar o diálogo entre as partes. No mesmo sentido, na conciliação há a interferência de uma terceira pessoa, neutra e imparcial, porém, com uma atitude mais ativa em relação à situação conflituosa. Como se vê, não é privilégio dos magistrados o ato de fazer justiça, esta que só pode alcançada no caso concreto, mediante a cooperação das partes, e demais interessados.

Percebe-se, pois, que esta é uma tendência presente até na área penal, onde não se dúvida do interesse social. O sistema processual penal brasileiro guarda relação tanto com o sistema inquisitivo, na sua fase investigativa, marcada pela limitação de garantias, quanto com o sistema acusatório, na fase processual, destinada à acusação, defesa e eventual condenação do acusado. Nesse sentido, vale ressaltar que é graças a essa

---

[22] CABRAL, Antonio do Passo. **Resolução n. 118 do Conselho Nacional do Ministério Público e as convenções processuais**. In: CABRAL, Antonio do Passo; NOGUEIRA, Pedro Henrique. Negócios processuais. Salvador: Juspodivm, 2015, p. 543-544.

marca do sistema acusatório, responsável por consagrar diversas garantias processuais, que é possível pensar em consensualidade também na justiça criminal, a exemplo da transação penal, da suspensão condicional do processo e da composição civil dos danos.

No ordenamento atual, não é negado às partes o estabelecimento de acordos processuais, desde que nos exatos limites estabelecidos pelo Código. Contudo, este prevê apenas alguns casos específicos. O CPC/1973, diferentemente do de 2015, não prevê uma cláusula geral para disciplinar as convenções processuais. De todo modo, mesmo ele permite a existência dos negócios jurídicos processuais, sem, todavia, ser esta uma privatização do processo.

Face ao exposto, afirma Müller[23]:

> Uma maior amplitude às convenções processuais pelas partes, inclusive quanto aos ajustes no procedimento, enquanto expediente excepcional mediado pelo consenso e em causas que admitam autocomposição poderá ser útil. A simples possibilidade (desejável, diga-se de passagem) de conciliação quanto ao direito material já autorizaria a inspirar uma maior reflexão a respeito dos limites de uma convenção processual, ou ajuste do procedimento, no interesse das partes e da liberdade (autonomia da vontade).

---

[23] MÜLLER, Julio Guilherme. Convenções Processuais. **Revista de Direito**, Santa Cruz do Sul, n. 5, 2014, p. 68.

Não há óbice de caráter constitucional que impeça as partes de participarem mais ativamente do processo, constituindo, modificando ou extinguindo relações jurídicas processuais ou adaptando normas procedimentais ao caso concreto. O fato de as normas serem públicas e se caracterizarem como cogentes não impede que o legislador permita uma maior abertura às convenções processuais, não significando, contudo, a privatização de um serviço que, por sua natureza, é público. Caso contrário, isto é, se a possibilidade de as partes negociarem sobre normas do processo significasse privatizá-lo, estar-se-ia permitindo que a demanda judicial ficasse vulnerável aos "caprichos das partes", o que, claro, não se espera.

1.2 O papel do juiz e o princípio da cooperação

Com a predominância do publicismo no processo e da promoção do interesse público, fortaleceu-se a ideia de que às partes compete uma postura passiva. Lado outro, ao juiz é dada a função de protagonista do processo, responsável por promover, através dos seus poderes instrutórios, o andamento procedimental. Em consequência desse modelo, aliada a estatalidade que sempre marcou a atividade jurisdicional, não se admitia a existência dos negócios processuais.

Percebe-se que isso influenciou negativamente no grau de importância conferido à atividade das partes, que se limitavam a provocar a atuação jurisdicional. Se, por um lado, não é razoável que somente o juiz atue no processo, de forma solitária, por outro, adotar o modelo liberal para situar as partes na posição central da demanda, relegando qualquer poder aos magistrados, torna o processo improdutivo e individualista.

A literatura processual brasileira, consubstanciada no Estado Democrático de Direito, há muito tempo já defende um ideal de colaboração no processo, através de alguns princípios, tais como boa fé, contraditório, devido processo legal e cooperatividade. Tal ideologia certamente contribuiu para a formação do CPC/2015, estimulando soluções voltadas para a cooperação e negociação entre as partes, o juiz e demais integrantes do processo.

Tal cooperatividade será primordial no novo ordenamento processual, marcado não só por uma inovação legislativa, mas também ideológica. Nesse contexto, fundamental o papel dos juízes na aplicação e determinação do rumo dessa variação procedimental. Para que não seja instaurada a desordem no processo nem tampouco sejam as partes prejudicadas no seu direito por (in)flexibilidade das normas processuais, mister a máxima cooperação entre as mesmas e o juiz.

Quanto mais preso aos formalismos legais e à inflexibilidade da norma processual, mais distante fica o juiz das partes e do caso concreto a ser resolvido. Em determinados casos, seguindo repetidamente determinado rito, o aplicador do direito se vê impossibilitado de adequar ao litígio o procedimento a ele cabível, isto é o rito necessário para satisfação da tutela pretendida. A atuação do julgador, portanto, deve ser pautada e renovada diariamente, com fins a alcançar uma célere e justa solução para o conflito levado a julgamento, adequando sempre que possível as normas processuais às especificidades do caso, e, agora, com base no acordado pelas partes. Nesta esteira, discorre Bedaque[24]:

> A absoluta ausência de requisitos legais quanto ao modo de ser do ato processual e do próprio procedimento leva à desordem e se apresenta como obstáculo ao escopo do processo. Por outro lado o formalismo cego e desmedido acaba levando às mesmas conseqüências, pois impede o desenvolvimento normal da atividade jurisdicional.

Se há o risco da ampla liberdade, em contrapartida, maiores são as chances de alcance de um processo justo, rápido e igualitário. Ademais, liberdade não significa insegurança nem tampouco significa arbitrariedade e violação às garantias do devido processo legal. Ao tratar sobre a processualização das atividades de direito público no Estado Democrático de Direito, Canotilho[25] afirma que:

---

[24] BEDAQUE, José Roberto dos Santos. Nulidade processual e instrumentalidade do processo. In: **Revista de Processo**. São Paulo: RT, 1990, outubro/dezembro, ano 15, n.60, p.94.

[25] CANOTILHO, J.J. Gomes. **Direito constitucional e teoria da Constituição**. Coimbra: Editora Almedina. p.935.

> (...)a colaboração activa dos cidadãos em alguns procedimentos (ex: das associações sindicais na elaboração da legislação do trabalho), é um factor de democratização, não só porque assegura um pedaço de participação dos cidadãos nas tarefas constitucionais, mas também porque, através da adesão e do consenso dos interessados, se evitam formas autoritárias de poder.

Assim, o princípio da cooperação tão prestigiado no CPC/2015, requer, além da participação das partes, um juiz ativo, vez que este não é um mero fiscal da lei, ele tem o poder-dever de colaborar para que haja um processo justo e igualitário, notadamente com relação à possibilidade da realização dos acordos processuais. O novo ordenamento processual visa a uma sintonia entre o ativismo das partes e o dos magistrados. Todo aquele que participar do processo deve adotar uma postura de colaboração, pautada na boa-fé.

Como o processo não pode se dar pelo livre arbítrio do juiz, em cumprimento ao princípio da cooperação, este tem o dever de esclarecer eventuais dúvidas e objeções levantadas no tocante aos atos processuais; tem a obrigação de consultar as partes sobre questões de fato e direito que influenciarão no julgamento da lide. Tem, ainda, o dever de preveni-las sobre deficiências procedimentais passíveis de suprimento, corrigindo-as e também auxiliando. Tais orientações condicionarão todo o processo, e igualmente, serão fundamentais na aplicação das convenções processuais estabelecidas, sendo certamente necessário alertar as partes acerca dos riscos do seu comportamento.

Assim, exigir-se-á um juiz que dê ao processo um caráter isonômico, permitindo que este atinja suas finalidades com pleno vigor e equilíbrio. Será preciso, segundo Mitidiero[26]:

> (...) absoluta e recíproca lealdade entre as partes e o juízo, entre o juízo e as partes a fim de que se alcance a maior aproximação possível da verdade, tornando-se a boa-fé pauta-de-conduta principal no processo civil do Estado Constitucional.

Fato é que o destaque dado pelo CPC/2015 ao princípio da cooperação modificou consideravelmente o papel do magistrado, que agora possui um dever maior de orientar e direcionar as partes, entre outros atos, nas convenções procedimentais. Deverá haver um controle pelo juiz em relação ao acordado por elas, de forma a resguardar o interesse público e o próprio direito envolvido na ação judicial. Em contrapartida, as partes também deverão realizar suas convenções baseadas no

---

[26] MITIDIERO, Daniel. **Bases para a Construção de um Processo Civil Cooperativo: O Direito Processual Civil no Marco Teórico do Formalismo Valorativo**. 2007, p. 12. Disponível em: http://www.bibliotecadigital.ufrgs.br/da.php?nrb=000642773&loc=2008&l=fff90792c6702178. Acesso em 09 de agosto de 2009.

princípio da razoabilidade e da cooperatividade, de modo a não violarem a ordem pública processual.

Ressalte-se, contudo, que embora o magistrado deva se comportar de forma mais ativa e colaborativa, ele não pode ser parte nos negócios jurídicos processuais, dada a incompatibilidade com o seu dever de controlar a validade e licitude das convenções procedimentais. Mesmo no acordo de fixação do calendário processual, em que pode haver uma participação maior do juiz na sua elaboração, como será abordado no capítulo seguinte, ele não é agente do negócio. Sequer possui o dever de homologar o acordo, vez que não se trata de declaração concordante das partes, a qual é dirigida ao juiz para homologação. Nesse sentido, dispõe Fredie Didier Jr.[27]:

> Ainda que o respectivo conteúdo possa até ser discutido na presença do magistrado (o que pode eventualmente se afigurar conveniente pelo caráter profilático que isso possa ter), isso não faz do juiz um sujeito do negócio: dele não emana declaração de vontade constitutiva do negócio e, a rigor, nem é caso de o juiz "homologar" o ato das partes. Não há previsão legal para isso; o que é rigorosamente correto porque não há o quê homologar, mas simplesmente observar e efetivar.

---

[27] DIDIER JR., Fredie. Princípio do respeito ao autorregramento da vontade no Processo Civil. **Coleção Grandes Temas do Novo CPC**. Negócios Processuais. Coordenadores: DIDIER JR., Fredie; CABRAL, Antonio do Passo; NOGUEIRA, Pedro Henrique. 1ª ed. Salvador: Juspodivm, v.1, 2015, p. 67.

Logo, pode-se afirmar que o magistrado, sem qualquer desmerecimento do seu papel no processo, não é protagonista do direito discutido. Neste novo cenário jurídico, ele será um aplicador também das normas construídas pelas convenções processuais, deixando de aplicá-las em decisão devidamente fundamentada quando não estiverem de acordo com os requisitos de existência e validade.

2 NEGÓCIOS JURÍDICOS PROCESSUAIS E O CPC/2015

Em 16 de Março de 2015 fora decretada e sancionada a Lei nº 13.105, o novo Código de Processo Civil, que como já tratado, consagra a cooperação e admite de forma bem ampliada os negócios jurídicos processuais.

Embora o CPC/2015 tenha ganhado destaque por valorizar a consensualidade, pode-se afirmar que tal característica também está presente no CPC/1973. A possibilidade de as partes estabelecerem cláusula de eleição de foro, negociarem sobre o ônus da prova, convencionarem sobre a suspensão do processo, ou permitirem a prorrogação da competência relativa por não oposição de exceção, são exemplos da presença dos negócios processuais no código ainda vigente. Tais situações, em regra, são capazes de vincular o Estado-juiz, que agirá conforme estipulado pelas partes.

Ocorre que, sem prejuízo dos acordos já existentes, o CPC/2015 dá a eles um enfoque maior, permitindo, em alguns casos, a derrogação total do procedimento legal. As partes poderão, antes ou depois do processo, adotar normas específicas à causa, de modo que eventual ação judicial tenha seu percurso modificado, não seguindo, pois, as determinações previstas em lei.

Caberá ao juiz, contudo, controlar a validade de tais convenções, não as permitindo nos casos de evidente abuso, nulidade, ou vulnerabilidade de qualquer das partes. Verifica-se que, embora sejam admitidas tais negociações, estas não são absolutas, podendo ser restringidas por ordem judicial.

2.1 Negócios jurídicos processuais atípicos e típicos

Pelo princípio da autonomia da vontade e com base no artigo 158 do CPC/1973, permite-se ao autor e ao réu a realização de negócios processuais, mesmo sem previsão legal específica. Tais acordos são denominados como atípicos e pactuados com o fim de atender às especificidades da causa.

Com o CPC/2015, o espaço concedido à vontade das partes é ainda maior, o que pode ser vislumbrado comparando o seu art. 18 com o art. 6º do CPC/1973. Este último permite a legitimação extraordinária apenas quando houver previsão em lei, tratando-se, portanto, de autorização excepcional para defender em nome próprio interesse de outro sujeito de direito. Já aquele admite a referida legitimação para além das hipóteses previstas em lei quando dispõe que "Ninguém poderá pleitear direito alheio em nome próprio, salvo quando autorizado pelo ordenamento jurídico". Assim, considerando que o ordenamento jurídico abarca também os negócios processuais, poderão as partes pactuarem, inclusive, sobre legitimação extraordinária, o que denota um grande grau de importância à autonomia da vontade. Neste sentido, afirma Leonardo Carneiro da Cunha[28]

> É bem de ver que o termo "lei" foi substituído por "ordenamento jurídico". Tal alteração, aliada à valorização da autonomia da vontade, permite concluir que é possível haver a legitimação extraordinária negociada, ou seja, por um negócio jurídico, que constitui fonte integrante do ordenamento jurídico, é possível atribuir a alguém a legitimação para defender interesses de outrem em juízo.

Embora as partes possuam autonomia para estipularem os negócios jurídicos processuais, quando previstos pela lei são considerados típicos. Nessas hipóteses, revestem-se pelo regime fixado na legislação, sem prejuízo, contudo, da liberdade de estipulação. Vale mencionar que muitos desses acordos já estão previstos no atual Código de Processo Civil, outros, por sua vez, foram acrescidos ao CPC/2015. Em sua maioria, são negócios comissivos, podendo, contudo, serem também

---

[28] LIMA, Fernando Antônio Negreiros *apud* CUNHA, Leonardo Carneiro da. **Negócios Jurídicos Processuais no Processo Civil Brasileiro**. Texto preparado para o I Congresso Peru-Brasil de Direito Processual e apresentado em Lima, no Peru, novembro de 2014, com acréscimos e adaptações feitas após a sanção e promulgação do novo Código de Processo Civil brasileiro. Disponível em: https://www.academia.edu/15665703/MATERIAL_CONSULTA_GRUPO_DE_ESTUDOS. Acesso em 02 de Agosto de 2015.

omissivos. No tocante a este último, pode-se citar a prorrogação de competência por inércia do réu bem como a revogação de convenção de arbitragem.

Se o autor ingressa com a ação em foro relativamente incompetente e o réu não opõe exceção de incompetência, haverá evidentemente um acordo tácito. No mesmo sentido ocorre quando a propositura da ação se dá perante o órgão estatal, a despeito de ter sido estipulada convenção de arbitragem, e o réu nada alega.

Entre tantos negócios jurídicos, alguns merecem destaque, razão pela qual serão a seguir abordados.

2.1.1 Acordo de Eleição de foro

O acordo de eleição de foro é um típico negócio processual previsto no art. 111 do CPC/1973. Este faculta às partes a possibilidade de eleger o foro quando se tratar de competência em razão do território e do valor. Trata-se, portanto, de direito disponível referente à competência relativa, vez que quanto à competência absoluta, isto é, em razão da matéria e da hierarquia, veda-se a realização de convenção pelas partes. Para que o citado acordo produza seus efeitos, mister que conste em contrato escrito e que se reporte a determinado negócio jurídico. No mesmo sentido estabeleceu o Supremo Tribunal Federal quando editou o verbete sumular 335[29], pelo qual

---

[29] BRASIL. Supremo Tribunal Federal. **Súmula nº 335**. É válida a cláusula de eleição do foro para os processos oriundos do contrato.

se considera válida a cláusula de eleição do foro para os processos oriundos de contratos.

Contudo, importante ressaltar que a referida cláusula poderá ser considerada abusiva quando a parte não possuir conhecimento suficiente, no momento da celebração do negócio, para compreender as consequências da estipulação contratual, bem como se o foro estabelecido ocasionar ao contratante dificuldade de acesso ao Judiciário[30].

Nessa toada, pelo parágrafo único do art. 112 do CPC/1973, poderá o juiz, nos contratos de adesão, declarar a nulidade da cláusula de eleição do foro, declinando a competência para o juízo de domicílio do réu. Se durante a fase de saneamento, todavia, o magistrado não o fizer, e se a parte interessada, após ser citada, não oferecer exceção, prorrogar-se-á a competência do juízo original. O mesmo ocorrerá quando, após a propositura da ação e do oferecimento de exceção de incompetência pelo réu, as partes, antes do

---

Disponível em:< http://www.stf.jus.br/portal/cms/verTexto.asp?servico=jurisprudenciaSumula&pagina=sumula_301_400>. Acesso em 29.12.2015.

30 NEGRÃO, Theotonio; GOUVÊA, José Roberto F; BONDIOLI, Luis Guilherme Aidar; **Código de processo civil e legislação processual em vigor**. 43ª edição. São Paulo: Saraiva, 2011, p.240 e ss.

julgamento desta, acordarem pela permanência da jurisdição em que a causa foi proposta[31].

Ademais, pela disposição do parágrafo 3º do art. 63 do CPC/2015, sem correspondência no CPC/1973, poderá o juiz reputar de ofício, antes da citação, a ineficácia da cláusula de eleição de foro quando esta for abusiva, independentemente de ter sido inserida em contrato de adesão. Do mesmo modo, poderá o réu alegar tal abusividade quando citado, sob pena de, não o fazendo oportunamente, ter seu direito precluso.

Pois bem, mantendo as mesmas disposições para determinação da eleição do foro contratual pelas partes, as regras dos artigos 62 e 63 do CPC/2015 assemelham-se às disposições dos artigos 111 e 112 do CPC/1973, com a ressalva, porém, que aquele permite a declaração de ofício pelo juiz da ineficácia da cláusula de eleição de foro abusiva mesmo nos contratos que não denominados como de adesão, desde que o seja feito antes da citação da parte contrária.

2.1.2 Convenções probatórias

As convenções probatórias são negócios jurídicos típicos existentes no CPC/1973 e que permanecerão no CPC/2015. O artigo 373, §3º deste último permite que a

---

[31] QUEIROZ, Pedro Gomes de. Convenções Disciplinadoras do Processo Judicial. In: **Revista Eletrônica de Direito Processual**. Rio de Janeiro. Vol. XIII, jan./jun. 2001, p.723.

distribuição do ônus da prova seja convencionada pelas partes de modo diverso do estabelecido em seu *caput*, desde que o acordo não recaia sobre direito indisponível e nem ofereça à parte excessiva dificuldade ao exercício do seu direito. A aludida previsão também pode ser depreendida do art.333, parágrafo único, incisos I e II do CPC/1973.

Vale salientar que o §4º do art. 373 do código de 2015 prevê expressamente a possibilidade de as partes estabelecerem a mencionada convenção tanto antes quanto durante o processo. Se extraprocessuais, seus efeitos só serão produzidos nos autos quando arguidas por uma das partes. Caso sejam celebradas durante o processo após o seu saneamento, implicará em nova deliberação pelo juiz quanto às provas a serem produzidas.

Quanto à revogação das convenções probatórias, pode-se afirmar que esta ocorrerá tacitamente se não forem invocadas em momento oportuno, isto é, durante a propositura da exordial e no oferecimento da contestação. Poderá, contudo, ser revogada consensualmente até a prolação da sentença.

Discussão importante que deve ser analisada é quanto à possibilidade de negócios jurídicos processuais atípicos em matéria probatória. Conforme será tratado no próximo capítulo, o CPC/2015 prevê uma cláusula geral autorizando a realização de acordos procedimentais fora das hipóteses previstas pelo legislador. Assim sendo, insere-se nesse contexto, inclusive, os acordos probatórios, pelos quais as partes regularão o modo de produção da prova.

Evidente que a celebração desses negócios afetará a atividade jurisdicional, não sendo, contudo, uma exclusividade deles. Vislumbra-se, por exemplo, que por meio de um contrato de eleição de foro, as partes ao escolherem onde serão julgadas, atingirão obviamente a atividade do juiz. Do mesmo modo ocorre na escolha consensual do perito pelas partes, negócio processual típico trazido pelo CPC/2015. Através dessa escolha, estarão as partes influenciando consideravelmente nas decisões judiciais, já que estas não raramente se pautam nos laudos periciais. Nesta esteira, afirma Robson Renault Godinho[32]:

> Na medida em que a eficácia de um ato processual em sentido amplo se dará no contexto de um processo, a atividade jurisdicional será atingida. Isso vale para qualquer negócio processual e, por isso, não caracteriza uma nota distintiva dos acordos probatórios e, muito menos, constitui argumento válido para inadmiti-los aprioristicamente.

---

[32] GODINHO, Robson Renault. A possibilidade de negócios processuais atípicos em matéria probatória. **Coleção Grandes Temas do Novo CPC**. Negócios Processuais. Coordenadores: DIDIER JR., Fredie; CABRAL, Antonio do Passo; NOGUEIRA, Pedro Henrique. 1ª ed. Salvador: Juspodivm, v.1, 2015, p. 412.

A atividade probatória é extremamente importante para elucidação dos fatos, e, por consequência, para formação do convencimento do juiz. Mesmo assim não se pode admitir, a título de justificativa para proibição da realização das convenções probatórias, que a prova destina-se exclusivamente ao magistrado, que o pertença.

Vale ressaltar, todavia, que ainda que se não repute cabível a proibição da realização dos negócios probatórios, estes não podem limitar o livre convencimento do juiz. Caso assim o façam, deverão ser declarados nulos, pois se trata de poder conferido por lei aos magistrados. Sempre que necessário ao julgamento da lide, o juiz poderá de ofício determinar a produção de provas, conforme disposições do art. 130 do CPC/1973, mantidas pelo art. 370 do CPC/2015. Destarte, não é essa a opinião de Godinho[33] que assim compreende:

> Para quem entende que os poderes instrutórios do juiz apenas devem assumir um papel subsidiário e complementar às atividades das partes, necessariamente seu balizamento em virtude de negócios probatórios será natural e automático. Entender de modo diverso significará concluir que o consenso pode ser superado, o que reduzirá significativamente seu âmbito de incidência, deixando-o a critério de um ato de vontade estatal.

---

[33] Ibid., p.415.

Segue-se nesse trabalho o entendimento de Giuseppe de Stefano citado por Pedro Gomes de Queiroz[34]

> Giuseppe De Stefano (1959, p. 59) entende que, embora as partes possam celebrar um "negócio de verificação" que estabeleça a existência ou a inexistência de determinados fatos, este negócio não vincula o juiz. Entretanto, as partes podem convencionar, escolhendo entre os vários meios de prova oferecidos pela lei ou escolhendo, no âmbito de um determinado meio de prova, entre várias formas e modos pelos quais o meio pode realizar-se. Na realidade, não será válida e, tampouco, eficaz uma convenção por meio da qual as partes ajustem retirar do juiz um poder a ele conferido pela lei.

Evidente que se as partes optarem por não produzir determinado tipo de prova, para que o juiz o faça de ofício, deverá fundamentar com maior zelo o seu ato. De todo modo, os acordos probatórios atípicos sofrerão as mesmas limitações que qualquer outro negócio jurídico processual não previsto em lei, isto é, não poderão afrontar a ordem pública, o devido processo legal e os direitos e garantias fundamentais.

---

[34] DE STEFANO, Giuseppe *apud* QUEIROZ, Pedro Gomes de. Convenções Disciplinadoras do Processo Judicial. In: **Revista Eletrônica de Direito Processual**. Rio de Janeiro. Vol. XIII, jan./jun. 2001, p.722.

2.1.3 Calendário processual

O novo sistema processual brasileiro, em seu art.191, apresenta uma grande inovação: através de um acordo plurilateral, as partes e o juiz poderão fixar datas para a realização dos atos processuais. Ao criarem o calendário, autor, réu e juiz ficarão a ele vinculados, podendo modificar os prazos ali previstos somente em casos excepcionais, de forma devidamente justificada e antes do seu escoamento, respeitando, assim, o parágrafo único do art. 139 do CPC/2015. Não obstante, pode-se afirmar que aludida vinculação pode ser relativizada quando se tratar dos atos e poderes do juiz, vez que seus prazos são impróprios. Assim, se uma das partes deixar de praticar um ato previamente previsto no calendário processual, a princípio, perderá a faculdade de praticá-lo. O mesmo não ocorrerá com o magistrado, podendo apenas sofrer consequências nas esferas administrativa e cível.

Outra característica que merece destaque, é que não mais será necessária a intimação das partes para os atos processuais agendados, inclusive para a audiência previamente marcada. Ao se fazer desnecessária a intimação dos atos inseridos no calendário, além de economizar recursos públicos, reduzir-se-á a ocorrência de nulidades por cerceamento de defesa. Não poderão as partes alegarem nulidade por falha na comunicação processual, vez que, desde o início, tomaram ciência das datas e prazos para realização das fases e atos processuais.

O calendário processual não precisa ser fixado apenas no início do processo, muito embora seja mais interessante, vez que a fase de saneamento é propícia à organização dos atos instrutórios. Em conformidade com o Enunciado 299 do Fórum Permanente de Processualistas Civis[35], poderá, inclusive, ser marcada audiência própria para designação do calendário, permitindo de forma bem organizada a previsão dos atos instrutórios, postulatórios e decisórios.

Embora seja de grande valia o negócio em comento, não poderá juiz impor a sua realização. Como já dito, trata-se de um negócio plurilateral, podendo afetar, inclusive, terceiros intervenientes, que nesse caso, deverão também integrar o acordo. Assim, havendo intervenção de terceiros, deverão estes concordarem com os termos do calendário, sendo exceção apenas, a intervenção na modalidade assistência simples[36].

---

[35] IBDP. Instituto Brasileiro de Direito Processual. II Encontro de Jovens Processualistas. **Carta de Salvador**. 08 e 09 de novembro de 2013. Enunciados aprovados pela Plenária. Disponível em http://portalprocessual.com/wp-content/uploads/2015/06/Carta-de-Vit%C3%B3ria.pdf. Acesso em 10/01/2016.

[36] CABRAL, Trícia Navarro Xavier. Reflexos das convenções em matéria processual nos atos judiciais. **Coleção Grandes Temas do Novo CPC**. Negócios Processuais. Coordenadores: DIDIER JR., Fredie; CABRAL, Antonio do Passo; NOGUEIRA, Pedro Henrique. 1ª ed. Salvador: Juspodivm, v.1, 2015, p. 234-235.

O calendário processual é mais uma forma de concretizar o princípio da cooperatividade já comentado aqui, bem como o princípio da eficiência, tão desejado nos dias atuais. Ao tratar sobre o tema, Müller[37] brilhantemente afirma:

> Constitui uma máxima de experiência a afirmação de que o planejamento adequado de qualquer empreitada humana tem a potencialidade de produzir resultados mais eficazes se comparada a simples participação descompromissada no desenrolar dos acontecimentos. O processo por si só já constitui uma atividade planejada. Mas possibilitar a participação das partes e vincular cronologicamente, com a fixação de datas para a realização das fases e atos processuais, é um passo a mais para a eficiência.

Nota-se que a possibilidade de previsão cronológica dos atos procedimentais torna o serviço jurisdicional mais seguro e eficaz. Pois, entrelaçados por um dever ético e legal, juiz, autor e réu se vincularão aos prazos fixados em comum acordo, gerando expectativas sobre a durabilidade do processo.

Se por um lado, permitir-se-á conhecer de antemão, ao menos em tese, o momento do início, meio e fim do processo, por outro, indaga-se se a sentença, ato

---

[37] MÜLLER, Julio Guilherme. Convenções Processuais. **Revista de Direito**, Santa Cruz do Sul, n. 5, 2014, p. 83.

decisório, pode ser inserida no calendário. O art. 12 do CPC/15 estabelece, com algumas ressalvas, uma ordem cronológica para o proferimento das sentenças. Ora, se essa é uma imposição legal, como designar, mediante um acordo processual, uma data específica para a prolação da aludida decisão? Mister que haja uma compatibilização entre essas duas regras, evitando que terceiros que aguardam o julgamento de suas lides sejam prejudicados. Nessa esteira, afirma Leonardo Carneiro da Cunha[38]:

> A compatibilização dessas regras pode operar-se de duas maneiras: a) ou bem se entende que sentença não é ato que possa ser inserido no calendário processual; b) ou, no calendário, fica estabelecido que a sentença será proferida em audiência especificadamente designada para tanto, com sua data já fixada no próprio calendário. É que a sentença proferida em audiência exclui-se da ordem cronológica (NCPC, art. 12, §2º, I).

Ora, parece que o mais razoável é não inserir a sentença no calendário. Caso contrário, a ordem

---

[38] LIMA, Fernando Antônio Negreiros *apud* CUNHA, Leonardo Carneiro da. **Negócios Jurídicos Processuais no Processo Civil Brasileiro**. Texto preparado para o I Congresso Peru-Brasil de Direito Processual e apresentado em Lima, no Peru, novembro de 2014, com acréscimos e adaptações feitas após a sanção e promulgação do novo Código de Processo Civil brasileiro. Disponível em: https://www.academia.edu/15665703/MATERIAL_CONSULTA_GRUPO_DE_ESTUDOS. Acesso em 02 de Agosto de 2015.

cronológica para o julgamento das causas será facilmente burlada, não fazendo sentido adotar notável regra. A lei já estabelece as situações em que não se deve observar esse marco temporal, não podendo as partes e o juiz criarem manobras para o desvio da ordem legal. Se assim fosse permitido, estar-se-ia invertendo os papeis, passando o juiz, o autor e o réu a legislarem, quando lhes falta a competência. Vale ressaltar que, certamente, ao excluir do critério cronológico as sentenças proferidas em audiência, o art.12, §2º, I do CPC/2015 refere-se unicamente às lides passíveis de serem jugadas na própria audiência de instrução.

2.1.4 Escolha consensual do perito

A escolha do perito sempre foi um assunto controverso e variável. Antigamente, o CPC/1939 estabelecia que caberia ao juiz a livre escolha do perito. E às partes era permitido indicar um assistente técnico, sendo lhe oferecido os mesmos meios de investigação. Antes disso, todavia, quando vigorava o Regulamento nº 737/1850, cabia ao autor indicar um perito e ao réu o outro, e os dois juntos nomeavam um terceiro. Havendo discórdia, quem escolhia o terceiro perito para eventual empate, era o juiz.

Com o Decreto-lei nº 8750 de 1946, o CPC/1939 sofreu alterações, passando a viger o modelo antecedente, isto é, caberia às partes a nomeação do técnico. Ambas deveriam indicar um único perito, salvo em caso de dissenso, quando, então, cada uma indicaria um. Na hipótese de empate, se o juiz não se contentasse com um dos laudos, elegeria um terceiro para desempatar. Contudo, na prática o magistrado sempre seguia o laudo do terceiro perito. De modo que, com o CPC/1973, em seu art.421, a designação do perito passou novamente a ser responsabilidade do juiz.

O CPC/2015 manteve a regra, com apenas algumas alterações: as partes, pelo art. 471, poderão mediante acordo escolher o perito. Trata-se de um típico negócio processual bilateral. Para tanto, autor e réu deverão ser plenamente capazes e a causa deverá admitir a autocomposição como solução. Frise-se, ainda, que as mesmas deverão indicar também os assistentes que acompanharão a realização da perícia. Logo, percebe-se que o novo Código de Processo Civil tentou conciliar os impasses antigos, mantendo a nomeação do perito pelo juiz como regra, e como alternativa, a possibilidade de as partes nomearem um da própria confiança. Pois, como bem se sabe, o laudo pericial, não raramente, é determinante nas decisões judiciais.

2.1.5 Outros negócios jurídicos processuais

O artigo 357 do CPC/2015 estabelece que, não sendo caso de extinção ou julgamento antecipado, deverá o juiz promover o saneamento e a organização do processo. Todavia, tratando-se de causas de complexidade, em matéria de fato ou de direito, o saneamento dependerá de designação de audiência para que as partes possam prestar sua colaboração, esclarecendo as minúcias da controvérsia, consoante § 3º do mesmo dispositivo.

Verifica-se, pois, um notável negócio jurídico plurilateral, através do qual, juiz, autor e réu estabelecerão verdadeiro diálogo em prol da organização e solução da lide, dando destaque, mais uma vez, à cooperatividade no processo. É o que nos ensina Leonardo Carneiro da Cunha[39] quando afirma que *"o dispositivo contém regra que concretiza o princípio da cooperação, permitindo que as partes, que conhecem os detalhes da controvérsia, possam colaborar na realização da referida audiência".*

Outra novidade se dará através do § 2º do art. 357 do CPC/2015, pelo qual será facultado às partes a realização de negócio processual que estabeleça e delimite os pontos controversos da lide tocante às questões de fato sobre as quais recairá a atividade probatória. Ou até mesmo em relação às questões de direito que forem relevantes à decisão de mérito. Com efeito, havendo a homologação do aludido acordo de

---

[39] LIMA, Fernando Antônio Negreiros *apud* CUNHA, Leonardo Carneiro da. **Negócios Jurídicos Processuais no Processo Civil Brasileiro**. Texto preparado para o I Congresso Peru-Brasil de Direito Processual e apresentado em Lima, no Peru, novembro de 2014, com acréscimos e adaptações feitas após a sanção e promulgação do novo Código de Processo Civil brasileiro. Disponível em: https://www.academia.edu/15665703/MATERIAL_CONSULTA_GRUPO_DE_ESTUDOS. Acesso em 02 de Agosto de 2015.

saneamento, estará o juiz e as próprias partes vinculadas ao seu teor.

Ressalte-se ainda, a peculiaridade trazida pelo CPC/2015 tocante ao incidente de arguição de falsidade. O mencionado incidente gera para o juiz mais um dever, pois, além de solucionar a lide pendente, deverá declarar a falsidade ou não do documento produzido nos autos, com a ajuda, claro, de um exame pericial. A realização da perícia, contudo, conforme disposição do parágrafo único do art. 392 do CPC/1973, será dispensada se quem produziu o documento optar por retirá-lo, devendo para tanto haver obrigatoriamente a concordância da parte contrária. O CPC/2015 inova quando, mantendo parcialmente a referida faculdade, transforma o negócio jurídico bilateral em unilateral. Assim sendo, não mais será necessária a anuência da outra parte para o desentranhamento do documento suspeito de falsidade, nos termos do parágrafo único do art. 432.

Por fim, necessário trazer ao presente trabalho a disposição do art. 222, § 1º do CPC/2015, que permite que o juiz, com a concordância das partes, reduza os prazos peremptórios, em um típico acordo plurilateral. Vale lembrar que prazos peremptórios são aqueles que condicionam a própria função jurisdicional e, dilatório, aquele de interesse particular do autor e do réu. Desse modo, os prazos para contestar, para oferecer exceções, reconvenção e para recorrer são considerados peremptórios. Já os prazos para realizar diligências determinadas pelo juiz, para arrolar testemunhas e para juntar documentos, são dilatórios.

Diferentemente, o art.182 do CPC/1973 veda a prorrogação e redução dos prazos peremptórios pelo juiz mesmo com a anuência das partes. Este último, embora não permita em hipótese alguma a redução dos prazos considerados fatais, admite excepcionalmente a sua prorrogação por até dois meses nas comarcas onde for difícil o transporte ou por prazo superior nos casos de calamidade pública, regra essa mantida pelo código de 2015.

3 CLÁUSULA GERAL DE NEGOCIAÇÃO E OS LIMITES AOS NEGÓCIOS JURÍDICOS PROCESSUAIS

Visando a atender às especificidades do caso submetido à análise judicial, o Código de Processo Civil de 2015 prevê expressamente, em seu art. 190, uma cláusula geral de negociação processual. A referida cláusula permite às partes buscarem o procedimento mais adequado à satisfação do direito material. Autor e réu poderão, antes ou durante o processo, realizar acordos atípicos, isto é, não previstos em lei, podendo criar direitos e deveres processuais. Admite-se, inclusive, que sejam estabelecidas regras procedimentais antes da propositura da demanda judicial.

Percebe-se, pois, que o novo código possibilita às partes uma postura mais ativa, condizente com os seus interesses. E isso, claro, contribui para a concretização do princípio da eficiência processual, corolário da cláusula geral de negociação. Ao tratar sobre o tema, Didier[40] afirma que:

---

[40] DIDIER JR., Fredie. Apontamentos para a concretização do princípio da eficiência do processo. In: **Novas tendências do processo civil – estudos sobre o Projeto do Novo CPC**. Coordenadores: FREIRE, Alexandre; DANTAS, Bruno; NUNES, Dierle; DIDIER JR, Fredie; MEDINA, José; FUX, Luiz; VOLPE, Luiz; MIRANDA, Pedro. Salvador: Editora Juspodivm, p.439. 2013. Disponível em <<http://www.editorajuspodivm.com.br/i/f/soltas%20novas%20tendencias%20do%20processo%20civil.pdf>>. Acesso em 27.09.2015.

> O princípio da eficiência é fundamento para que se permita a adoção, pelo órgão jurisdicional, de técnicas atípicas (porque não prevista expressamente na lei) de gestão do processo (...), em que se promovam certa alterações procedimentais, como a ampliação de prazos ou inversão da ordem de produção de provas.

Nessa esteira, importante destacar o teor do enunciado 19 do Fórum Permanente de Processualistas Civis[41], que assim afirma:

> São admissíveis os seguintes negócios processuais bilaterais, dentre outros: pacto de impenhorabilidade, acordo bilateral de ampliação de prazos das partes, acordo de rateio de despesas processuais, dispensa consensual de assistente técnico, acordo para retirar o efeito suspensivo da apelação, acordo para não promover execução provisória.

Do mesmo modo, o enunciado 21[42] do aludido fórum cita a realização de acordo para ampliação do

---

[41] IBDP. Instituto Brasileiro de Direito Processual. II Encontro de Jovens Processualistas. **Carta de Salvador**. 08 e 09 de novembro de 2013. Enunciados aprovados pela Plenária. Disponível em http://portalprocessual.com/wp-content/uploads/2015/06/Carta-de-Vit%C3%B3ria.pdf. Acesso em 10/01/2016.

tempo de sustentação oral, acordo para julgamento antecipado do mérito convencional, redução dos prazos processuais, entre outros.

Importante será a atuação do juiz, que deverá controlar a validade das convenções processuais, não as permitindo nos casos de evidente abuso, quando oferecer a qualquer das partes excessiva dificuldade ao exercício do seu direito, ou nos casos de nulidade. Como tais negócios adotam regime jurídico misto, isto é, envolvem o direito material e o direito processual, deverão, para sua validade, seguir as regras civis que tratam das nulidades e anulabilidades, nos termos dos artigos 166 e 171 do Código Civil vigente[43]. Necessário, portanto, que as partes possuam adequada consciência da realidade e liberdade de escolha, sob pena do negócio ser anulado por dolo, coação ou erro.

Assim, poderá o juiz recusar aplicação de cláusula inserida em contrato de adesão que gere uma das situações citadas anteriormente. Não se trata, contudo, de vedação prévia à inserção dos negócios processuais em

---

[42] IBDP. Instituto Brasileiro de Direito Processual. II Encontro de Jovens Processualistas. **Carta de Salvador**. 08 e 09 de novembro de 2013. Enunciados aprovados pela Plenária. Disponível em http://portalprocessual.com/wp-content/uploads/2015/06/Carta-de-Vit%C3%B3ria.pdf. Acesso em 10/01/2016.

[43] DIDIER JR., Fredie. Princípio do respeito ao autorregramento da vontade no Processo Civil. **Coleção Grandes Temas do Novo CPC**. Negócios Processuais. Coordenadores: DIDIER JR., Fredie; CABRAL, Antonio do Passo; NOGUEIRA, Pedro Henrique. 1ª ed. Salvador: Juspodivm, v.1, 2015, p. 76-77.

tais contratos, conforme afirma Leonardo Carneiro da Cunha[44]:

> A simples circunstância de o contrato ser de adesão não é suficiente para se ter como nula ou ineficaz a cláusula que disponha sobre procedimento ou sobre regras processuais. É preciso, para que o juiz recuse-lhe aplicação, a evidência de uma abusividade, de uma nulidade ou de uma manifesta situação de vulnerabilidade.

Ademais, conforme disposto no artigo 7º do CPC/2015, deve haver paridade de tratamento no tocante às faculdades e deveres processuais. Para validade dos negócios jurídicos, necessária é a garantia ao pleno contraditório, o que significa dizer que, deve ser assegurado às partes o mesmo poder de influência. A igualdade, portanto, é um precioso instrumento de baliza na delimitação dessas convenções. Não se poderá admitir, sob hipótese alguma, que uma das partes, dada sua condição econômica e técnica superior, obtenha vantagens, impondo regras processuais à outra parte. Por

---

[44] LIMA, Fernando Antônio Negreiros *apud* CUNHA, Leonardo Carneiro da. **Negócios Jurídicos Processuais no Processo Civil Brasileiro**. Texto preparado para o I Congresso Peru-Brasil de Direito Processual e apresentado em Lima, no Peru, novembro de 2014, com acréscimos e adaptações feitas após a sanção e promulgação do novo Código de Processo Civil brasileiro. Disponível em: https://www.academia.edu/15665703/MATERIAL_CONSULTA_GRUPO_DE_ESTUDOS. Acesso em 02 de Agosto de 2015.

outro lado, havendo igualdade real, ainda que sejam as partes desiguais, será válido o negócio processual.

Certo que, ainda que seja uma cláusula geral e aberta, não se reputa possível todo e qualquer tipo de acordo, devendo ser averiguada a licitude do seu objeto. Para existência e validade das convenções, necessária é a adoção da forma escrita[45] e seu conteúdo só poderá versar sobre normas processuais disponíveis, sendo difícil estabelecer, todavia, quando a norma é imperativa, quando não é. A título de exemplo, não será permitido realização de negócio que retire a eficácia das decisões judiciais, que modifique a competência absoluta, que estabeleça a supressão da primeira instância, que crie recurso novo, que dispense a intervenção do Ministério Público nos casos em que a lei obrigue, ou ainda, que crie novas sanções processuais aos litigantes de má-fé. Enfim, não poderá a parte renunciar ao devido processo legal, admitindo processo sem contraditório e decisão sem motivação.

Nesse contexto, importante responder duas questões: poderá haver acordos processuais em ações que envolvam direitos indisponíveis? Um incapaz poderá realizar uma convenção procedimental? Quanto à primeira indagação, mister deixar claro que a realização de tais negócios não necessariamente levará à disposição do

---

[45] DIDIER JR., Fredie. Princípio do respeito ao autorregramento da vontade no Processo Civil. **Coleção Grandes Temas do Novo CPC**. Negócios Processuais. Coordenadores: DIDIER JR., Fredie; CABRAL, Antonio do Passo; NOGUEIRA, Pedro Henrique. 1ª ed. Salvador: Juspodivm, v.1, 2015, p.73.

direito material discutido judicialmente. Poderão as partes e o juiz em comum acordo, por exemplo, pelo artigo 191 do CPC/2015, fixar calendário para prática dos atos processuais. Pedro Gomes de Queiroz[46], citando Leonardo Greco, afirma o seguinte:

> (...) observa, com razão, que os titulares de direitos disponíveis podem dispor no processo do seu próprio direito material, assim como de todas as faculdades processuais cuja não utilização possa resultar, direta ou indiretamente, em julgamento contrário ao seu direito material.

Da citação acima, infere-se que o titular de direitos indisponíveis não poderá estabelecer convenções processuais se o seu ato resultar em consequências negativas à tutela de seus direitos. Todavia, isso não significa que não poderá fazê-lo quando não houver risco à efetivação dos mesmos. Há casos em que o bem da vida em disputa é absolutamente indisponível, no entanto, a técnica processual rígida do procedimento comum ou mesmo do procedimento especial, não permite que o processo atinja seus melhores resultados. Necessário, portanto, que o processo se adeque às circunstâncias específicas do caso concreto.

---

[46] QUEIROZ, Pedro Gomes de. Convenções Disciplinadoras do Processo Judicial. In: **Revista Eletrônica de Direito Processual**. Rio de Janeiro. Vol. XIII, jan./jun. 2001, p.705.

Se considerar que há a possibilidade de disposição, por exemplo, do direito de arrolar testemunhas ou apresentar provas documentais, o que, consequentemente, influenciará no julgamento do direito discutido em juízo, poder-se-á afirmar que é cabível a transação processual mesmo em ações nas quais se discute sobre direitos indisponíveis. No mesmo sentido se procede quando há sentença desfavorável a uma das partes e esta não recorre. Ora, salvo se for caso de remessa necessária ou se tiver sido interposto recurso por terceiro prejudicado, haverá nessa situação trânsito em julgado.

Percebe-se, contudo, que não se pode confundir a disponibilidade do direito material com as faculdades e ônus processuais. É incorreto, portanto, afirmar que a parte que litiga sobre direito material indisponível, não poderá, em hipótese alguma, convencionar sobre normas procedimentais. A controvérsia permanece, contudo, quanto à possibilidade da transação processual ferir o núcleo dos direitos indisponíveis. Pois bem, deverá haver a fiscalização do juiz em relação às convenções estabelecidas pelas partes, de modo que nenhum direito nomeado como indisponível seja lesionado. Não recorrer da sentença que julga eventual direito é bem diferente de renunciar o mesmo antecipadamente mediante um acordo. Quanto à primeira, trata-se de faculdade processual conferida à parte, não podendo ninguém obrigá-la a agir de modo diverso. Já a segunda, deve ser veemente combatida, sob pena de ferir a dignidade humana.

No tocante à outra indagação, isto é, se os incapazes podem realizar convenções procedimentais, seguindo o entendimento de Pedro Gomes de Queiroz[47], pode-se afirmar que sim, desde que representados ou assistidos, nos termos dos artigos 3º e 4º do Código Civil de 2002, com nova redação dada pela Lei 13.151, de 2015. Vale salientar, todavia, que tais acordos não podem de forma alguma prejudicar o direito do incapaz ou a sua defesa, sob pena de nulidade do negócio processual. Assim, poderá, por exemplo, haver convenção sobre o ônus da prova em favor do assistido ou representado. Em sentido diverso explica Didier[48]:

> O negócio processual exige sujeitos "plenamente capazes" (art. 190, caput). Isso exclui a possibilidade de que seja celebrado por absolutamente incapazes ainda que na pessoa de seus representantes legais e por relativamente incapazes mesmo que regularmente assistidos. Mas, há relevância na distinção entre essas duas situações porque o vício de incapacidade relativa gera anulabilidade do ato (CC, art. 171, I), enquanto a absoluta gera a nulidade (CC, art. 166, II) (...).

---

[47] QUEIROZ, Pedro Gomes de. Convenções Disciplinadoras do Processo Judicial. In: **Revista Eletrônica de Direito Processual**. Rio de Janeiro. Vol. XIII, jan./jun. 2001, p.706/707.

[48] DIDIER JR., Fredie. Princípio do respeito ao autorregramento da vontade no Processo Civil. **Coleção Grandes Temas do Novo CPC**. Negócios Processuais. Coordenadores: DIDIER JR., Fredie; CABRAL, Antonio do Passo; NOGUEIRA, Pedro Henrique. 1ª ed. Salvador: Juspodivm, v.1, 2015, p. 73.

Com respeito ao entendimento contrário supracitado, a parte deverá ser plenamente capaz, mas não o sendo, poderá ser representada ou assistida, conforme art. 71 do CPC/2015, caso em que a convenção procedimental deverá necessariamente ser favorável ao incapaz. Não há razão para que essas pessoas, devidamente representadas/assistidas, não possam se sujeitar às regras processuais favoráveis resultantes da autonomia da vontade, quando se permite que elas sejam sujeitas às regras de mesma natureza ditadas pela lei. Além disso, embora não seja necessária a presença do Ministério Público na realização desses negócios, o mesmo deverá fiscalizar seus efeitos jurídicos no decorrer da ação, impedindo qualquer prejuízo aos sujeitos considerados pela lei como incapazes.

No que se refere à capacidade processual, com o ingresso no processo, é importante a assistência jurídica, evitando uma possível situação de vulnerabilidade. Nesta toada, em consonância com o Enunciado nº 18 do Fórum Permanente de Processualistas Civis[49], segundo o qual "haverá indício de vulnerabilidade quando a parte celebra acordo de procedimento sem a assistência técnico-jurídica", o cuidado deve ser ainda maior tratando-se de causas que admitam o *jus postulandi*. Ou seja, embora

---

[49] IBDP. Instituto Brasileiro de Direito Processual. II Encontro de Jovens Processualistas. **Carta de Salvador**. 08 e 09 de novembro de 2013. Enunciados aprovados pela Plenária. Disponível em http://portalprocessual.com/wp-content/uploads/2015/06/Carta-de-Vit%C3%B3ria.pdf. Acesso em 10/01/2016.

haja maior facilidade de acesso à Justiça quando se permite a busca pela assistência judiciária sem a orientação de um advogado ou defensor, a vulnerabilidade é evidentemente maior, o que pode ser prejudicial à efetivação do direito pretendido. Embora seja desejável, a presença de advogado não é requisito de validade do negócio processual. O que não significa, contudo, que as partes possam mediante acordo, dispensar a capacidade postulatória para prática dos atos processuais quando a lei a exige.

Mister uma análise global, que leve em consideração a coerência entre os fins e os meios, e que seja pautada no princípio da proporcionalidade. Para tanto, deve se responder à seguinte questão: o acordo de procedimento pactuado pelas partes é capaz de garantir, no caso concreto, maior efetividade ao direito material, considerando para tanto as variáveis celeridade, igualdade e eficácia? Caso positivo, pode-se, com cautela, permitir as convenções processuais mesmo nas causas sem assistência técnica, vez que a presunção de vulnerabilidade, ainda que seja um indício forte, não é uma presunção absoluta.

Como se vê, são necessários os limites impostos aos negócios jurídicos em tela, sob pena de se colocar em risco a própria ordem jurídica processual bem como os direitos fundamentais constitucionalmente previstos. Assim, com cuidado para não tornar a cláusula geral de negociação inaplicável, caberá à doutrina e jurisprudência revelar a dimensão das convenções, cuja eficácia dependerá em muito da mudança cultural jurídica.

CONCLUSÃO

Observou-se no decorrer deste trabalho que, através da cláusula geral de negociação, a previsão dos negócios jurídicos processuais no CPC/2015 tornou-se muito mais ampla em comparação ao CPC/1973. O dever de cooperação e a necessidade de superação do rígido formalismo procedimental são fatores favoráveis à celebração de convenção sobre matéria processual, mesmo fora dos casos previstos em lei. Impõe-se a superação do impasse entre o direito público e o direito privado, permitindo a flexibilização das normas para tutelar com maior efetividade o direito discutido em juízo.

Por outro lado, levando em consideração o interesse público envolvido, a realização de negócios jurídicos atípicos implica limites, não podendo haver afronta à ordem pública, ao devido processo legal e aos direitos e garantias fundamentais. Não se trata de um "vale-tudo" processual, sendo vedada a celebração de convenções nos casos de inserção abusiva em contratos de adesão, nos casos de nulidade ou quando as partes encontrarem-se em manifesta situação de vulnerabilidade, consoante previsão do art. 190 do CPC/2015. Desse modo, em se tratando de negócio que envolva direito material indisponível, o pactuado pelas partes não poderá lhes causar lesão, gerando consequências negativas à sua tutela.

As partes devem se encontrar no processo em condições isonômicas, em paridade de armas. Ainda que autor e réu possuam consideráveis diferenças econômicas e culturais, estas podem ser superadas no julgamento da lide através do controle jurisdicional. Trata-se de estabelecer a igualdade real e não apenas formal. Nesse contexto, ainda que não seja requisito de validade, a assistência jurídica de um advogado ou defensor público é condição importante que traz maior segurança às relações processuais, eliminando a presunção de vulnerabilidade em que as partes possivelmente se encontram.

Outra importante consideração é quanto à possibilidade de realização das convenções procedimentais pelos incapazes, que como visto, é assunto controverso. Há quem entenda não ser possível dada a ausência da plena capacidade exigida pelo CPC/2015, e quem reputa permissível quando o negócio for favorável ao incapaz assistido ou representado, sendo este último entendimento o adotado nessa dissertação.

Embora os negócios processuais se destinem a fins consideráveis, em prol da eficácia dos direitos materiais, os mesmos não podem ser impostos, devem ser resultado da manifestação de vontade das partes, livre de dolo, coação ou erro. Tal proibição dirige-se, inclusive, ao juiz, o qual tem o dever de colaborar e advertir as partes sobre os riscos e ilegalidades das convenções. Vale advertir que o mesmo não é agente do negócio, tendo o dever de respeitar a vontade dos contratantes quando esta não se esbarra nos limites constitucionais.

Incentivar a realização dos negócios em comento, assegurando o contraditório, é prática que legitima o processo. Se há maior interação daqueles que acionam o aparato Judiciário com o procedimento que serve de instrumento para concretização do direito material, por óbvio, maior será a confiança depositada na legitimidade das decisões judiciais.

Contudo, a aplicabilidade prática do instituto é, em princípio, reduzida. Isso porque a inserção de cláusulas que versem sobre matéria processual em contrato de adesão, por exemplo, provavelmente não ocorrerá, já que os fornecedores jamais buscarão inserir normas que lhes sejam prejudiciais e, por outro lado, cláusulas que restrinjam o direito de defesa dos consumidores serão consideradas nulas. Em contratos fora da esfera consumerista é de se duvidar também que as partes tenham interesse em ajustar previamente contratos sobre matéria processual, dado ao fato que sequer conhecem a posição que ocuparão em uma futura e hipotética demanda.

O sucesso das convenções, portanto, dependerá dos aplicadores do direito bem como daqueles que o interpretam. Muito embora possa haver certa dificuldade de operacionalização na aplicação das convenções, esta é uma plausível alternativa ao modelo procedimental positivado. Com a entrada em vigor do Código de Processo Civil de 2015, importante despertar-se para o conhecimento que será construído paulatinamente no cenário jurídico. A adoção de uma postura conservadora nesse momento pode tornar a cláusula geral de negociação letra morta, impedindo a possibilidade de construção de um direito processual mais racional e menos mecânico.

REFERÊNCIAS

ALVIM, José Eduardo Carreira. **Teoria geral do processo**. 8ª ed. Rio de Janeiro: Forense, 2002.

______. **Arbitragem e o Poder Judiciário: convergências e divergências**. in: 1° Seminário Internacional sobre Direito Arbitral. Belo Horizonte: Câmara de Arbitragem de Minas Gerais. 2003.

ARENHART, Sérgio Cruz; MARINONI. Luiz Guilherme. **Processo de conhecimento**. 12ª ed. São Paulo: RT, 2014, n.8.

BEDAQUE, José Roberto dos Santos. Nulidade processual e instrumentalidade do processo. In: **Revista de Processo**. São Paulo: RT, 1990, outubro/dezembro, ano 15, n.60.

BRASIL. Supremo Tribunal Federal. **Súmula nº 335.** É válida a cláusula de eleição do foro para os processos oriundos do contrato. Disponível em: <http://www.stf.jus.br/portal/cms/verTexto.asp?servico=jurisprudenciaSumula&pagina=sumula_301_400>. Acesso em 29.12.2015.

BRASIL. **Código de Processo Civil, Lei 5.869, de 11 de Janeiro de 1973**. Brasília, 1973. Disponível em: <http://www.planalto.gov.br/ccivil_03/leis/L5869compilada.htm>. Acesso em: 29.12. 2015.

BRASIL. **Código Civil, Lei 10.406, de 10 de Janeiro de 2002**. Brasília, 2002. Disponível em:

<http://www.planalto.gov.br/ccivil_03/leis/2002/L10406.htm>. Acesso em: 29.12. 2015.

BRASIL. **Código de Processo Civil, Lei 13.105, de 16 de Março de 2015**. Brasília, 2015. Disponível em: < http://www.planalto.gov.br/ccivil_03/_Ato2015-2018/2015/Lei/L13105.htm>. Acesso em: 29.12. 2015.

CABRAL, Antonio do Passo. **Resolução n. 118 do Conselho Nacional do Ministério Público e as convenções processuais**. In: CABRAL, Antonio do Passo; NOGUEIRA, Pedro Henrique. Negócios processuais. Salvador: Juspodivm, 2015.

CÂMARA, Alexandre Freitas. **Lições de direito processual civil.** 25ª ed. São Paulo: Atlas, 2014, v.1.

CANOTILHO, J.J. Gomes. **Direito constitucional e teoria da Constituição**. Coimbra: Editora Almedina.

CHIOVENDA, Giuseppe. **Instituições de direito processual civil**. Volume 1. Editora Bookseller: São Paulo.

CUNHA, Leonardo Carneiro da. **Negócios Jurídicos Processuais no Processo Civil Brasileiro**. Texto preparado para o I Congresso Peru-Brasil de Direito Processual e apresentado em Lima, no Peru, novembro de 2014, com acréscimos e adaptações feitas após a sanção e promulgação do novo Código de Processo Civil brasileiro. Disponível em: https://www.academia.edu/15665703/MATERIAL_CONSULTA_GRUPO_DE_ESTUDOS. Acesso em 02 de Agosto de 2015.

DIDIER JR., Fredie. Apontamentos para a concretização do princípio da eficiência do processo.In: **Novas tendências do processo civil – estudos sobre o Projeto do Novo CPC**. Coordenadores: FREIRE, Alexandre; DANTAS, Bruno; NUNES, Dierle; DIDIER JR, Fredie; MEDINA, José; FUX, Luiz; VOLPE, Luiz; MIRANDA, Pedro. Salvador: Editora Juspodivm. 2013. Disponível em http://www.editorajuspodivm.com.br/i/f/soltas%20novas%20tendencias%20do%20processo%20civil.pdf. Acesso em 27.09.2015.

______. **Coleção Grandes Temas do Novo CPC**. Negócios Processuais. Coordenadores: CABRAL, Antonio do Passo; NOGUEIRA, Pedro Henrique. 1ª ed. Salvador: Juspodivm, 2015, v.1.

DINAMARCO, Rangel. **Instituições de direito processual civil.** 6ª ed. São Paulo: Malheiros, 2009, v.2.

DINIZ, Maria Helena; **Curso de Direito Civil Brasileiro**: Teoria Geral do Direito Civil. 26 ed. São Paulo: Saraiva, 2009.

GRECO, Leonardo. "Os atos de disposição processual- primeiras reflexões". **Os poderes do juiz e o controle das decisões judiciais**: estudos em homenagem à professora Teresa Arruda Alvim Wambier. José Miguel Garcia Medina; Luana Pedrosa de Figueiredo Cruz; Luís Otávio Sequeira de Cerqueira; Luiz Manoel Gomes Junior (coord.). São Paulo: RT, 2008.

GRECO, Vicente Filho. **Direito processual civil brasileiro**. 20ª ed. São Paulo: Saraiva, 2009, v.2, n.1.

IBDP. Instituto Brasileiro de Direito Processual. II Encontro de Jovens Processualistas. **Carta de Salvador**. 08 e 09 de novembro de 2013. Enunciados aprovados pela Plenária. Disponível em http://portalprocessual.com/wp-content/uploads/2015/06/Carta-de-Vit%C3%B3ria.pdf. Acesso em 10/01/2016.

MELLO. Marcos Bernardes de. **Teoria do fato jurídico: plano da existência.** 19ª ed. São Paulo: Saraiva, 2013.

MIRANDA, Francisco Cavalcanti Pontes de. **Tratado de direito privado**. Atual. Vilson Rodrigues Alves. Campinas: Bookseller, 1999, t. 1, §26, n.2.

MITIDIERO, Daniel. **Comentários ao Código de Processo Civil**. São Paulo: Memória Jurídica Editora, 2005, t. 2.

______. **Bases para a Construção de um Processo Civil Cooperativo: O Direito Processual Civil no Marco Teórico do Formalismo Valorativo**. 2007, p. 12. Disponível em: < http://www.bibliotecadigital.ufrgs.br/da.php?nrb=000642773&loc=2008&l=fff90792c6702178>. Acesso em 09 de agosto de 2009.

MOREIRA, José Carlos Barbosa (Org.) **Temas de Direito Processual**: Terceira Série. São Paulo Saraiva, 1984.

______, José Carlos Barbosa. Privatização do Processo? **Revista da EMERJ**, Rio de Janeiro, v.1, n.3, 1988.

MÜLLER, Julio Guilherme. Convenções Processuais. **Revista de Direito**, Santa Cruz do Sul, n. 5, 2014.

NEGRÃO, Theotonio; GOUVÊA, José Roberto F; BONDIOLI, Luis Guilherme Aidar; **Código de processo civil e legislação processual em vigor**. 43 edição. São Paulo: Saraiva, 2011.

NOGUEIRA, Pedro Henrique; DIDIER, Fredier. **Teoria dos fatos jurídicos processuais**. Salvador: JusPodivm, 2011.

PASSOS, José Joaquim Calmon de. **Esboço de uma teoria das nulidades aplicada às nulidades processuais**. Rio de Janeiro. Forense, 2002.

QUEIROZ, Pedro Gomes de. Convenções Disciplinadoras do Processo Judicial. In: **Revista Eletrônica de Direito Processual**. Rio de Janeiro. Vol. XIII, jan./jun. 201.

SANTOS. Moacyr Amaral. **Primeiras Linhas de direito processual civil**: processo de conhecimento. 25ª ed. Atual. Maria Beatriz Amaral Santos Kohnen. São Paulo, 2007, n. 229.

TUCCI, Rogério Lauria. Negócio jurídico processual. **Enciclopédia Saraiva de Direito**. São Paulo: Saraiva, 1977, v. 54.

www.ingramcontent.com/pod-product-compliance
Ingram Content Group UK Ltd.
Pitfield, Milton Keynes, MK11 3LW, UK
UKHW021938190726
13853UKWH00004B/1529